淝水之战

吉林出版集团有限责任公司

吉林文史出版社

◎ 主编 金开诚

◎ 编著 王荣珍

图书在版编目（CIP）数据

淝水之战 / 王荣珍编著．—长春：
吉林出版集团有限责任公司：吉林文史出版社，2010.11（2023.4重印）
ISBN 978-7-5463-4143-9

Ⅰ．①淝… Ⅱ．①王…
Ⅲ．①淝水之战(383)-通俗读物 Ⅳ．①K237.209

中国版本图书馆CIP数据核字（2010）第222305号

淝水之战

FEISHUI ZHI ZHAN

主编/ 金开诚 编著/王荣珍

项目负责/崔博华 责任编辑/崔博华 邱 荷

责任校对/邱 荷 装帧设计/柳甬泽 张红霞

出版发行/吉林出版集团有限责任公司 吉林文史出版社

地址/长春市福祉大路5788号 邮编/130000

印刷/天津市天玺印务有限公司

版次/2010年11月第1版 2023年4月第5次印刷

开本/660mm×915mm 1/16

印张/9 字数/30千

书号/ISBN 978-7-5463-4143-9

定价/34.80元

前　言

文化是一种社会现象，是人类物质文明和精神文明有机融合的产物；同时又是一种历史现象，是社会的历史沉积。当今世界，随着经济全球化进程的加快，人们也越来越重视本民族的文化。我们只有加强对本民族文化的继承和创新，才能更好地弘扬民族精神，增强民族凝聚力。历史经验告诉我们，任何一个民族要想屹立于世界民族之林，必须具有自尊、自信、自强的民族意识。文化是维系一个民族生存和发展的强大动力。一个民族的存在依赖文化，文化的解体就是一个民族的消亡。

随着我国综合国力的日益强大，广大民众对重塑民族自尊心和自豪感的愿望日益迫切。作为民族大家庭中的一员，将源远流长、博大精深的中国文化继承并传播给广大群众，特别是青年一代，是我们出版人义不容辞的责任。

本套丛书是由吉林文史出版社和吉林出版集团有限责任公司组织国内知名专家学者编写的一套旨在传播中华五千年优秀传统文化，提高全民文化修养的大型知识读本。该书在深入挖掘和整理中华优秀传统文化成果的同时，结合社会发展，注入了时代精神。书中优美生动的文字、简明通俗的语言、图文并茂的形式，把中国文化中的物态文化、制度文化、行为文化、精神文化等知识要点全面展示给读者。点点滴滴的文化知识仿佛颗颗繁星，组成了灿烂辉煌的中国文化的天穹。

希望本书能为弘扬中华五千年优秀传统文化、增强各民族团结、构建社会主义和谐社会尽一份绵薄之力，也坚信我们的中华民族一定能够早日实现伟大复兴！

目录

一、动乱不安
的天下大势

天下大势，合久必分，分久必合。265 年，司马炎称帝建立了晋朝，也就是史上的西晋，三国归晋，终于结束了魏、蜀、吴三国纷争割据、各自为政的局面，实现了国家统一，促进了民族的融合。然而，西晋王朝带来的全国统一，只是一个短暂的安定局面，并没有带来长久的和平与安宁。而后的西晋，经历了武帝、惠帝、怀帝骄奢淫逸、荒淫无度的统治，又遭遇"八王之乱"和"永嘉之乱"的动乱，

可谓饱经风霜。在这样的统治下，人民的生活并没有比三国割据的时候好一些，百姓怨声载道，有一些部落开始蠢蠢欲动，意欲趁势而起。316年，北方匈奴攻破长安，俘虏了晋愍帝，西晋就这样灭亡了。

西晋末年的腐败统治使得战争频繁、时局混乱，各路军阀之间相互征战不止。每个首领都胸怀抱负，一心想要统一华夏，历史舞台上，纷争不止，你方唱罢我登场。社会的大动乱，使中国历史进入了分裂割据的时期。

在南方，晋琅琊王司马睿于317年在建康（今江苏南京）称帝，建立了东晋，占据着汉水、淮河以南的大部分地区，凭借得天独厚的地理条件，人口开始迅速增长，力量迅速发展壮大，成为南方最强大的军事集团。

在北方，各少数民族政权纷争迭起。当东晋在江南建国的同时，中国的北方则陷入分裂混战,黄河流域成为匈奴、羯、鲜卑、氐、羌等五个主要少数民族和汉族争杀的战场,并分别建立了自己的国家,相互争霸,不断有国家建立和灭亡。

从 304 年匈奴贵族刘渊建立汉国、316 年灭掉西晋,到 439 年鲜卑拓跋部统一北方,这一百三十多年里,北方各民族先后建立了前赵(匈奴)、后赵(羯)、前燕(鲜卑)、前凉(汉)、前秦(氐)、后秦(羌)、后燕(鲜卑)、西秦(鲜卑)、后凉(氐)、南凉(鲜卑)、西凉(汉)、北凉(卢水胡)、南燕(鲜卑)、北燕(汉)、

夏（匈奴）等十五个政权，连同西南巴氐族建立的成汉，共十六国，和东晋汉族政权长期对峙，史称"五胡十六国"。除十六国之外，还有汉人冉闵建立的魏、丁灵翟氏建立的魏、武都氐帅杨氏建立的仇池国、鲜卑慕容氏建立的西燕、鲜卑拓跋氏建立的代五个政权，先后总计建立了二十一个政权。上述政权中，后赵、前燕、前秦都曾占据过北方的大部分疆域。

许多北方来的少数民族，在相互征战中开始相互融合，学习其他民族的特长和文化，在学习的过程中也借鉴汉人的制度和文化，再凭借军事武力，建立了一个又一个的王朝政权。在这些政权中间，苻氏氏族贵族建立的前秦，由于皇帝苻坚励精图治，成为北方诸多政权中比较强大的一个部族。

这样，在南方，有东晋王朝，在北方，有前秦王朝。东晋和前秦分别成为南北方两支最强大的力量，既相互龃龉，也相互抗衡，暂时也取得一定程度的平衡。虽然两国之间有时小有摩擦，但总体上因为实力相当，也算相安无事。

由氏族人建立的前秦国先后灭掉前燕、代、前凉等割据政权后，统一了黄河流域。以后又于373年攻占了东晋的梁（今陕西汉中）、益（今四川成都）二州，将势力扩展到长江和汉水上游。前秦皇帝苻坚因此踌躇满志，欲图以"疾风之扫秋叶"之势一举荡平偏安江南的东晋，统一南北。

二、前秦南下伐
晋的原因

（一）精心治国，国力大增

前秦第一个皇帝苻洪，是氐族人，祖居今甘肃秦安东南一带。他很有野心和能力，却没有福气，在霸权霸业即将建立之前被他的手下毒死了。虎父无犬子，他的儿子苻健继承了父亲的才华和胆识，也颇有心计和智慧，在不利的时局和环境下，能够忍辱负重、韬光养晦，最终于351年建立政权，次年称帝。但

可惜的是，苻健继承父亲雄才大略的同时，也延续了父亲苻洪的悲剧命运，在辛苦打拼下基业后，苻健只做了五年的皇帝便病死了。

苻健病死以后，他的儿子苻生即位。苻生是历史上有名的暴君之一。他登基后仅仅两年，便弄得天怒人怨，百姓苦不堪言。357年，他的堂兄弟苻坚联合他人将苻生杀死，自己坐上了皇帝的宝座。

苻坚即位以后，开始笼络民心，一方面诛杀苻生的奸臣董龙、赵韶等二十余人，同时为被苻生残杀的官员恢复名誉，并按照礼法厚葬、抚慰死者家属；另一方面，重用王猛等有才能的人，开始实行恢复经济的措施，在政治领域也进行了一系列的改革。

这个苻坚，就是秦宣昭帝——前秦皇帝中最值得关注的一个人物。

苻坚是前秦丞相苻雄的儿子，自幼就受到祖父苻洪的喜爱，他从小就愿意接受汉族文化，并接受了正规的汉族文

化教育，所以，不论治国方略还是为人处事，苻坚都与他的先辈和其他民族的国君不同，有很多成功之处。

正如谈刘备不得不谈诸葛亮一般，说到苻坚的治国，就不得不谈到他的得力助手——谋士王猛。王猛是北海郡剧县（今山东寿光东南）人，虽然小时候生活贫寒，却在困窘的环境中读得满腹的诗书和韬略，打算在乱世中跟随明主，实现自己的理想和抱负。

254年，东晋将领桓温北伐，进军到灞上（今陕西西安市东南）。王猛以为机会来了，就径直前去军营中拜访桓温，面对面畅谈天下大事。桓温很赏识王猛，想要留他在身边。但王猛却通过此次谈话看出桓温胸无大志，没有恢复中原、一统天下的决心和魄力，因此拒绝跟随桓温南下去东晋。

苻坚听说王猛的才学韬略后，便派人邀请相见，谈论国家兴废大事和治国策略，谈笑间，颇觉投机，苻坚便留王猛为自己所用，共同治理国家。此后王猛越来越受到重视，最风光的时候，竟然在一年里升了五次官。后来的事实也证明，苻坚对王猛的重用是明智的选择，有了王猛的协助，苻坚东征西战，基本平定了中国的北方。

秦王苻坚是个能够听取忠告的较开明的君主。有一年春天，苻坚带几位大臣出了长安城，登上龙门四处眺望，看到四周群山险峻，不由得高兴起来，说："美好的河山啊，多么坚不可摧！"他的臣子听出来苻坚有依靠险势、偏安一隅、不思进取的意思，便委婉地劝告说："历代有很多王朝的河山都很坚固，但最终还是亡国了，这是为什么呢？是因为他们

不注重巩固实力、增强国力的缘故。希望陛下能够以德为重，继续增强国力，仅仅依靠山河的险峻是不可能久安的。"苻坚听后猛然醒悟，高兴地说："你们说得对，我按照你们说的去做就是了。"

苻坚即位初，为了发展国力，颁布了许多政令，使教育、农业都有了很大发展。

前秦重视农业生产，为了治理关中地区的干旱，苻坚曾组织三万余人兴修水利。农业的发展使得百姓安居乐业。

他还禁止奢侈浪费，带头严禁奢靡之风。符坚还雷厉风行，从龙门回来不久，就下令兴教育、办学校。还亲自到学校考察，依照学业的优劣划定等级，选贤任能。在符坚的治理下，前秦国力慢慢增强，符坚也深得民心。

（二）符坚统一北方

随着国力的强盛，符坚便有了一统天下、逐鹿中原，当一代霸主的野心。

前秦建元五年（369年），适逢东晋桓温率兵北上，攻打燕国。燕国国君慕容暐非常害怕，便向前秦请求派兵支援，并答应事成之后割让燕国的一些土地作为报酬。

对于是否出兵帮助燕国，秦内部有两派不同的意见。一派拒绝出兵，认为上次东晋桓温进攻秦国时，燕国没有伸出援手，这次燕国被进攻，秦国正好坐

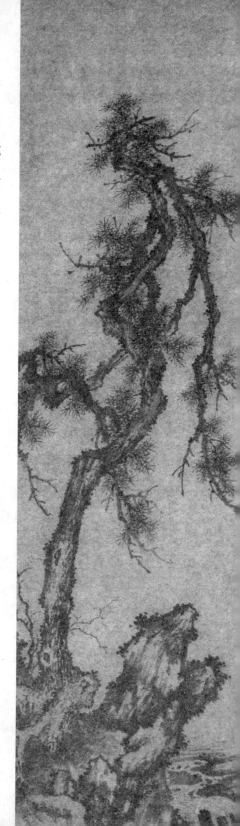

山观虎斗；另一派支持出兵，代表人物是王猛。王猛分析说："燕国肯定不是东晋的对手，我国如果不出兵帮助燕国，燕国必死无疑。如果东晋消灭前燕，军事实力必定大增，我们就再也不能与之抗衡，这样对秦也是一种很大的威胁，因此应该出兵。"

王猛又私下给苻坚出谋划策，让苻坚答应燕国的请求，派兵联合前燕共退晋军，等到燕国国力困乏、掉以轻心的时候再乘机进攻，一举灭掉燕国。这样就可以一举两得，不但可以利用燕国的力量给东晋一次重大的打击，阻止了东晋力量的壮大，同时抓住时机吞掉燕国，又壮大自己的军事实力，为前秦称霸中原奠定基础。

苻坚十分赞赏王猛的看法，便答应派兵援助前燕。前秦和燕国协力击败了东晋的军队。

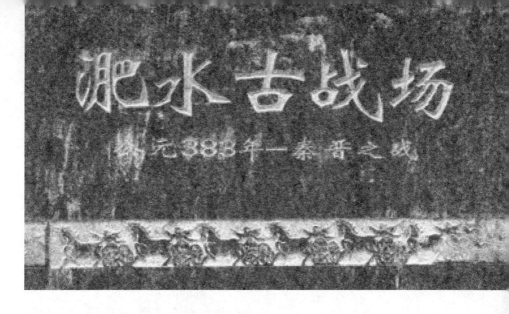

东晋被前秦和燕国打败以后，只得班师回朝。桓温撤兵以后，燕国的内部矛盾也进一步激化。为燕国抗晋立下汗马功劳的慕容垂，在燕国本来就很有威望，但一直受到最高统治集团的排挤，抗晋之后更因为军功显赫被嫉恨而差点招来杀身之祸。慕容垂为了避难，无奈之下，便去投奔苻坚。

苻坚早就有灭燕的念头，一来因为时机还不成熟，二来怵于慕容垂的威名，一直不敢动手。现在慕容垂也来投奔自己，自然正中苻坚下怀。苻坚喜出望外，隆重欢迎慕容垂，并委以重任。然而，苻坚没有料到的是，收容慕容垂这一步棋，不仅为自己在淝水之战中的失败埋下了第一个隐患，甚至成为前秦灭亡的推动力。

再说桓温撤退以后，燕国违背约定，原来允诺给秦的"以燕国城池换秦国出兵"的承诺不予兑现。对于早已计划要吞并燕国的前秦来说，燕国出尔反尔的举动正好给秦提供了冠冕堂皇的出兵理由。

苻坚任命王猛为统帅，开始攻打燕国。一来有王猛运筹帷幄，秦军也会骁勇善战；二来，燕国已少了慕容垂一员

大将；第三，前燕经过和东晋的这场
苦战，刚刚安定下来，将士们再也没
力气打仗。有这三个原因，燕国自然
不堪一击，前秦迅速打败了燕军。就
这样，从 317 年到 370 年，在历史上
存在了五十三年的前燕灭亡了。

　　对燕国讨伐的所向披靡给
苻坚带来巨大的信心，苻坚决定乘胜追
击，一举荡平北方。

　　苻坚灭掉燕国的第二年，也就是
317 年，苻坚又派苻雅、杨安率领七万人
马向西讨伐仇池。仇池是氐人杨茂搜于
西晋末年建立的政权。其后人杨世在位
时，向苻坚投降，接受前秦封号。但是，
杨世的儿子杨纂继承王位以后，又与秦
绝交，归附东晋。苻坚以他为由兴师讨伐。
杨纂率领五万兵马与东晋支援的军队千
余人在仇池北和前秦抗争，最终以杨纂
兵败投降收场。历经七十余年的杨氏割
据政权结束。

建元十二年，即公元 376 年，苻坚又开始了消灭前凉的军事行动。汉人张氏建立前凉政权，从张轨于西晋任凉州刺史以来，世代相承，占有河西地区。张玄靓在位时，曾经向前秦称臣，后来在统治集团的相互倾轧中，张天赐杀掉张玄靓自立为帝。但是张天赐沉湎于酒色，内部矛盾十分尖锐。苻坚以张天赐'臣道未纯"为理由，一面派遣使者令张天赐入朝，一面派梁熙等率领十三万兵马进驻到前凉边境。在前秦大军压境的威逼下，前凉应该采取什么对策，内部意见不统一。最终，张天赐听取主战派的意见，杀死前秦使者，结果却是屡战屡败，最终投降，被送往长安。至此，历经七十余年的河西张氏割据政权结束。

在前秦的北方，有一个鲜

卑拓跋部建立的代国，占有现在的山西北部、内蒙中部地区。376 年冬，先前已经投降苻坚的匈奴刘卫辰被代国侵犯，向前秦求援，苻坚便派兵支援并一举攻灭代国。

就这样，经过不停的征战，苻坚统一了北方的大部分地区。经过几年的治理，前秦越来越强盛，西域各国也前来朝拜,贡奉礼品。秦王逐渐开始骄傲自大、自以为是，渐渐兴起奢华之风，每次设宴群臣，必定载歌载舞，对于群臣的意见，也不再能虚心听取。

（三）不听劝阻，南下伐晋

375 年 7 月，王猛病危，临去世前，嘱咐苻坚"千万不要与东晋为敌"。王猛解释说，"秦的北方和西方并不稳定，还存在其他民族的威胁；而南方的东晋国家和平，虽然实力不如我国，但是百姓安居乐业，团结一心。与东晋为敌是下下之策，千万不可以这样做。"苻坚听后，却不置可否。王猛逝去，苻坚非常悲痛，对其进行隆重哀悼。然而，对于气焰正盛的苻坚来说，王猛的话显然没有也不可能真正打动苻坚。苻坚坚信秦国有无

往不胜的军队、智谋超人的将领，再加上自己的仁慈英明，认为扫平东晋、一统天下，简直易如反掌。

三年后，即 378 年，苻坚开始分东西两路试探着进攻东晋。

在东路，秦军一路占领了彭城、淮阴，并于第二年五月紧逼至三阿（今江苏高邮），距离重镇广陵（今江苏扬州）只有百里之遥。东晋朝廷开始惊慌，立即派兵在沿江一带布防，并派谢玄率领人马抗秦，最终打退了前秦的侵犯，将前秦赶到淮水以北。前秦的东路进攻宣告失败。

在西路，苻坚派遣他的儿子征南将军苻丕率步骑兵七万进攻襄阳，同时派遣征虏将军石越率精兵一万、慕容垂率

兵五万、领军将军苟池率兵四万从四面开始围攻。襄阳守将梁州刺史朱序奋力坚守襄阳城近一年，还是回天乏术，最终襄阳城被攻破，朱序也被俘虏。

苻坚爱惜人才，因此并没有难为朱序，依然将其留为己用。然而，令苻坚没有想到的是，收留朱序却为自己在淝水之战中的大败埋下了第二个致命的隐患。

此次进攻东晋的成功，让苻坚更加坚定了消灭东晋的决心，他认为统一的时机已经来到了。382年10月，苻坚召集大臣到太极殿，商议大举出兵东晋。苻坚用威严的目光扫视群臣，很自信地说："朕继承王位已经二十多年，东征西战，每次想到天下尚未统一，就深感不安。现在四方的少数民族都已经被降服，只有东晋还在负隅顽抗。现在我国有精兵百万，良将无数，朕决定亲自带病讨伐东晋，众卿意下如何？"苻坚的话刚一出口，下面的大臣便议论纷纷，一些惯于见风使舵的人极力附和，把苻坚的战功吹捧一番。苻坚听到这些话十分高兴，脸上露出了笑容。但也有一些明智的大臣极力反对，大臣权翼慷慨激昂地说："现在东晋虽然在实力上弱于我国，但是君臣和睦、上下齐心，朝中还有谢安、桓冲这样的杰出人才，因此现在出兵东晋，并不合适。"苻坚听完权翼的议论，心中很是不快，沉默很久才说道："大家还有

什么看法，都说说吧。"话音刚落，大臣石越奏道："臣以为，权翼讲得确实有道理。现在东晋不但君臣一心，而且有长江天险作为屏障，百姓也愿意为朝廷出力。"此时的苻坚对这些话根本听不进去，驳斥道："长江有什么了不起！我现在有精兵百万，将马鞭扔到长江里都可以使长江水断流，天险有什么用？"

苻坚的提议遭到多数大臣的反对，他天真地认为自古帝王都是与一两位大臣决定大事，人多只会众说纷纭，让人乱了方寸。于是私下与弟弟苻融商议，没想到苻融也不支持他，说："现在伐晋并不合适。首先，没有合适的理由。这些年，东晋并没有来我国境内寻衅滋事；其次，我军连年征战，大家都很疲乏，不想打仗，甚至有畏敌之心。"苻融还指出，持反对意见的都是忠臣，应该采纳他们的意见。苻坚听了很生气，说连你也这样，我还有什么指望。

苻融看见苻坚这样固执己见，十分痛心，哭泣着说："我所担心的还不是讨伐东晋无功而返，而是陛下率领大军南下伐晋，只留下太子和刚刚归降的鲜卑、

羌等部落留守京师，我是怕这些降臣并不是真心，担心祸起萧墙啊。"苻融还以王猛临终遗言相劝，苻坚却执意伐晋。

此时，慕容垂和姚苌却支持苻坚的想法。苻坚大为高兴，引以为知己。

苻坚开始征集军队，每十丁出一兵，良家子弟有才有勇者都为羽林郎。当时所有人都反对，只有慕容垂、姚苌和这些羽林郎赞成出兵。苻融还想做最后的努力，劝苻坚说："鲜卑和羌人，都是我们的仇人，并不是真心归顺我们。这些羽林郎，都是一些富豪子弟，平时不思军旅，只是一群阿谀谄媚之徒，轻易相信，只怕会有后患啊！"

苻融还搬出王猛临终的话来劝慰苻

坚。王猛临终时对苻坚说过："我们现在的对手不是东晋，而是鲜卑人和羌人，这些人并不是真心归顺我们，但他们的首领却在我军担任要职，甚至掌握兵权，必须早日换掉。"王猛将当时前秦面临的主要问题概括成一句话："严防鲜卑、严防羌。"但是，这时苻坚南下的诏书已经下了，当然更听不进去了。苻坚的妃子张夫人听到此事，也好言相劝。苻坚却说："打仗的事，你们女人家别管。"苻坚最宠爱的小儿子苻诜，也劝苻坚说："皇叔（指苻融）是最忠于父王的，父王为什么不听他的话呢？"苻坚冷淡地说："天下大事，小孩子别乱插嘴。"

就这样，苻坚拒绝了大臣和亲人的劝说，一意孤行地将伐晋的事定了下来。秦国开始为这次大规模的军事行动做准备，他先下令强迫前秦统治下的各族人民当兵，又在全国范围内搜刮财产作为军用物资，决心打败东晋。

三、淝水之战
的历史经过

（一）前秦百万军队，强敌压境

383年3月，苻坚雄心勃勃地发号施令，整顿军队，开始准备南伐。同年8月，苻坚派苻融、慕容垂率领骑兵二十五万为前锋，封姚苌为龙骧将军率领益州和凉州的人马，自己则亲自率领戎兵六十多万、骑兵二十七万，号称百万大军，浩浩荡荡向东南方向出发。

前秦兵马旗鼓相望，前后绵延数千里。9月，苻融率领的先锋兵马已经到达颍口（今安徽颍上县），苻坚率领的兵马才刚刚到达项城（今河南周口市境内），凉州之兵则刚到达咸阳（今陕西咸阳）更夸张的是，蜀汉之兵则才刚刚顺流而下。前秦派遣的攻打东晋的人马，仅仅在行进的军队，就前后绵延现在的陕西、河南、湖北、安徽几省，规模和声势之大，在历史上也是罕见的。

（二）东晋团结一致，众志成城

在一统北方的战争中所向披靡的苻坚被胜利冲昏了头脑，他大大低估了东晋的实力。这时的司马氏已经偏安于南方将近半个世纪，现在的东晋

朝内，心怀不轨的桓温
已经死去多年，政权也
已经相当稳定。东晋内部虽
然还有一些勾心斗角，但总体上
呈现平静祥和的局面。

秦军出兵的消息很快传
到了东晋的国都建康。在这
个关系东晋生死存亡的紧急关
头，东晋统治集团内部以大局为重，迅
速停止内部争斗，开始商量对策。大家
议论纷纷、人心惶惶，都在讨论这件事。
有人主张："前秦简直欺人太甚！居然毫
无理由地起兵攻打我国，现在大敌当前，
古人云，得道多助，失道寡助，我们团
结一心，奋勇抗击，必定能够打败前秦
的不义进攻！"

但也有一些怯懦的人并不认同："现
在是敌强我弱，敌人带来的可是百万人
马，我国现在能迎战的兵士只有不足
二十万，这样以卵击石的战争，结果已经

可以想象。这样的局势，如果我们奋起抗击，只会给我国带来没有意义的伤亡。还是及早投降吧，也可以避免不必要的伤亡。"

现在的东晋，在位的是孝武帝，辅佐朝政的是丞相谢安。谢安在东晋很有威望，人们都将他和东晋初年的名相王导相提并论。文武双全、足智多谋的谢安见朝中大臣为了是战是降而争论得面红耳赤，便道出自己的观点："以少胜多、以弱胜强的战役，历史上也是常见的，只要我们君臣一心，团结一致，以东晋

大局为重，一定可以打败前秦的无理挑衅。"

接下来，孝武帝召谢安来商量抗秦计策。谢安举贤不避亲，把自己的弟弟谢石和侄子谢玄推荐给孝武帝。孝武帝便任命谢石为征讨大都督，封谢玄为将军，一切军事大事听凭谢安处理。

谢安对手下的大将进行了分工：征讨大都督谢石指挥全军；桓冲镇守上游，谢玄担任先锋，掌管江北的各路人马，带领八万兵马阻击秦军，并镇守广陵（今江苏扬州）；胡彬带领水兵五千名，去淝水河边的寿阳城帮助当地的官兵抵抗苻坚；谢安自己则亲自担任征讨大都督。

谢玄也是个军事人才，他到了广陵以后，就招兵买马，扩大武装。当时有一批从北方逃难到东晋来的人，纷纷应征。他们中间有个彭城人叫刘牢之，从小练得一身武艺，打仗特别勇猛。谢玄让他担任参军，派他带领一支精锐的人

马。这支人马经过谢玄和刘牢之的严格训练，成为百战百胜的军队，在解三阿之围中，击败了前秦的东路进攻，表现出极强的战斗力。由于这支军队经常驻扎在京口（今江苏镇江市），京口又称"北府"，所以也把它叫做"北府兵"。

然而，以八万多的兵力与百万秦军相对抗，正如主张投降的大臣所说，确实是以卵击石的冒险。谢玄手下的北府兵虽然勇猛，但是前秦的兵力是东晋的十倍，谢玄心里到底有点紧张。出发之前，谢玄特地到谢安家去告别，请示一下这场仗怎么打。哪儿知道谢安听了像没事一样，轻描淡写地回答说："我已经有安排了。"谢玄心想，谢安也许还会嘱咐些什么话。等了半天，谢安还是没开腔。

谢玄回到家里，心里总不踏实。隔了一天，又请他的朋友张玄去看谢安，托他向谢安探问一下。

谢安一见到张玄，马上邀请他到山

里一座别墅去。到了那里，已有许多名
士先到了。张玄想问，也没有机会。谢
安请张玄陪他一起下围棋，还跟张玄开
玩笑说要拿这座别墅做赌注比个输赢。
张玄是个下棋好手，平常跟谢安下棋，
他总是赢的。谢安本来棋艺不高，平日
远非张玄的对手，但此次开局后，谢安
镇定自若，得心应手；张玄却因心系前敌，
很快就败下阵来。谢安赢了棋，意兴更
浓，又拉着张玄东游西逛，直到月上东山，
才兴尽而归。

当夜，月上中天、万籁俱静的时候，
谢安突然把谢石、谢玄等将领全部召集
到自己家里，把每个人的任务一件件交
代得很清楚，一直到东方破晓才算完事。
大家看到谢安这样镇定自若，也增强了
信心，高高兴兴地回到军营去了。

当时，镇守荆州的桓冲听到形势危
急，专门拨出三千精兵到建康来保卫京
城。谢安对派来的将士说："我这儿已经

安排好了。你们还是回去加强西面的防守吧！"将士回到荆州把情况告诉桓冲，桓冲很担心。他对将士说："谢公的气度确实叫人钦佩，但是不懂得打仗。眼看敌人就要到了，他还那样悠闲自在。兵力那么少，又派一些没经验的年轻人去指挥。我看我们准要遭难了。"

原来，谢安的镇定是刻意表现给将士们看的。看到大敌当前人心惶惶，为了稳定人心，不使将士因为惊慌先乱了自己的阵脚，从而失去斗志，谢安才每天装作若无其事的样子，游山玩水。实际上，在游山玩水中，谢安却在暗中观察敌人的一举一动。如何抗秦，谢安早已胸有成竹。

（三）前秦攻城略地，无往不利

前秦苻融率领的先锋部队，日夜行军，仅仅用了一个月的时间就来到了淮河北岸。

　　这一天，苻融率领的前秦先锋部队马上就要到达东晋的寿阳城（今安徽寿县），苻融正要下令自己的先行部队先在寿阳城外安营扎寨、暂不攻城，等大部赶到时再开始攻占寿阳。忽然接到兵士来报。原来，求胜心切的苻坚已经等不及大部队到齐，命令苻融的军队先行抢占寿阳。苻融接到命令，传令下去："继续行军，到寿阳城外再安营扎寨，明日开始攻城。"

　　东晋方面将仅有的兵马安排在沿江和一些重镇，并没有多少兵马来守卫寿阳城；另外，晋军也没有料到秦军会这么早开始攻城，且奉命率领五千兵马前来守卫寿阳的胡彬还在行军途中。就这样，公元 383 年十月十八日，秦军并没

有花费多大的力气，就轻而易举占领了寿阳，并俘虏晋军守将徐元喜。与此同时，秦军慕容垂率领的兵马也攻占了郧城（今湖北郧县）。这么容易就攻下寿阳城，苻融大喜，传书信给苻坚：寿阳城已被攻下，东晋将士守卫虚弱，人马柔弱无力，不堪我军一击。苻坚闻讯非常高兴。

东晋大将胡彬，本来奉命率领水军前来援助寿阳官兵，却在前往寿阳的行军路途中听到寿阳失守的消息。胡彬无奈只好退守硖石（今安徽凤台县西南），等待与谢石、谢玄的大军会合后再做定夺。

苻坚听说东晋守卫疲软无力，而且寿阳城又攻打得这么顺利，便传令，命苻融一鼓作气，继续攻打硖石。

苻融又率军开始从正面攻打硖石，并命令部将梁成率领先头部队五万人从

后方进攻洛涧（今安徽寿县西北），扎下许多水寨，并在淮水中设置障碍，这样既截断了淮河交通，阻断了胡彬的退路，又将援军谢石、谢玄带领的八万晋军阻挡在距离洛涧二十五里处不能前行。

胡彬率领的兵马，被困守在硖石，进退不得，军粮一天天少下去，情况十分危急，便写信向谢石告急，请求支援。

现在胡彬的军队四周都是秦军的部队，信使要通往晋军大营，就必须穿过秦军的包围。可是事不凑巧，送信的晋兵在偷越秦军阵地的时候，被秦兵捉住。这封告急信就落在了苻融手里，苻融喜出望外，立刻写信派快马到项城将晋军兵少，粮草缺乏的情况告诉苻坚，并建议苻坚迅速起兵，以防晋军逃遁。

苻坚接连得到秦军前锋的捷报，收到这封信，更加骄傲起来。便把大军留在项城，迫不及待地亲自率领八千名骑兵火速赶往寿阳，恨不得一口气把晋军

吞掉。

　　苻坚站在寿阳城上，居高临下，顿时壮志满怀，兴致勃勃，自信拿下东晋已经如同探囊取物，便传前东晋襄阳城守将朱序前来，道："你前去告诉东晋将领，我秦数十万大军，剽悍善战、威力无比，现在已兵临城下，朕也已经知道贵军军中现在兵力短缺、粮草不足。现在强弱已明，胜负几乎已见分晓，还希望贵军不要负隅顽抗，应弃暗投明，我绝对不会亏待他们。"

　　朱序原本是东晋将领，襄阳城被攻陷以后，才归降前秦。得到这个做说客的机会，朱序心想：为东晋出力、报答东晋的机会到了。

　　朱序到东晋军中大营后，不但没有劝降，相反地，他却说道："这次前秦人多势众，粮草充足，确实是实情，但是，现在前秦的大队人马并不在寿阳城中，而是在行军途中。我们现在应该抓住机会，火速出兵，趁他们的大部队还没有到来之前先下手为强，只要能够打败他

们的先锋部队，就可以大挫秦军的锐气，长我军威风。如果不抓住现在的机会，等他们的大队人马到齐，我们就很难有胜算了。"朱序还答应，在秦军军营中充当东晋的内应，来个内外呼应，里应外合。

谢石、谢玄本来觉得以弱击强没有多大胜算，打算坚守城池，等到秦军疲乏了再寻找机会。但听完了朱序的分析，觉得很有道理，便改变主意，转守为攻，主动出击。

这一天，谢玄派遣勇将刘牢之率精兵五千迂回到秦军阵后袭击洛涧（今安

徽淮南市东淮河支流洛河），自己则从正面攻击。就这样，淝水大战的序幕揭开了。这一天，东晋军队在将领刘牢之的带领下，偷偷来到了洛涧，在夜幕的掩护下对秦军发动突然袭击，率兵强渡洛涧，猛攻秦阵。睡梦中的秦将梁成匆忙迎战，却被刘牢之一刀砍死。失去了主将的秦军惊慌失措、勉强抵挡一阵，争先恐后渡河逃命，秦军很快就土崩瓦解，主将梁成的弟弟梁云也战死沙场。

洛涧大捷，大大鼓舞了晋军的士气。谢石、谢玄一面命令刘牢之继续援救硖石，一面亲自指挥大军乘胜前进，直到淝水（今淝河，在安徽寿县南）东岸，与西岸的秦军隔水对峙，并在寿阳城外安营扎寨。

寿阳城里的苻坚听到秦军在洛涧的大败，非常吃惊。苻坚登上寿阳城楼，一眼望去，只见对岸晋军一座座的营帐排列得整整齐齐，手持刀枪的晋兵来往

巡逻，阵容严整威武。再往远处看，八公山上的晋军操练有序、严阵以待，不禁疑惑：这分明是一支井然有序、训练有素的劲旅，怎么能说是一支疲乏软弱、不堪一击的队伍呢？

从此之后，苻坚心生畏惧，知道东晋不是那么好打败的，便决定暂时偃旗息鼓，停止进攻，先作休整，同时命令秦兵严密防守。

（四）淝水一战决胜负

现在的局势是，秦军在淝水以西，晋军在淝水以东，两军都不得渡。谢安和属下商量："现在的局势，虽然秦军过

不来这里，但我晋军却也过不去，这样下去，相持太久，秦军的大部队集结得越多，对我军就越不利，我们必须马上渡河作战才是，否则，我军就很难再有取胜的希望了。"

将领们也认为现在时间对于东晋是太重要了。谢石心生一计："苻坚骄傲狂妄，自以为能迅速消灭我国。我们不如使用激将法，激他退军数里作为战场。苻坚考虑想到他们也是在外乡作战，必定希望速战速决，也一定会同意的。这个时候，我军便乘胜追击，争取一鼓作气消灭秦军。"

如果仔细斟酌，谢石的计策并不算是十全十美，因为淝水本来是东晋的一道天堑屏障，而这样的计策并没有把天堑利用起来。只是因为现在的东晋以弱击强，本身没有多少优势可言，只好放弃这道天然屏障，渡过淝水背水一战了。

谢玄派遣使者去见苻坚。使者见到

符坚，用激将法对符坚说：“您现在率领百万人马深入我国境内，把我军进逼驻扎在淝水。现在两军对峙，您不想赶快和我军兵戎相见，难道是因为在洛涧的战役中您已经被我军的士气吓怕了吗?

符坚笑道：“害怕? 我国百万大军已经陈兵在寿阳，贵国却只带来八万人马，而且你们现在粮草短缺的处境我们已经了如指掌。我军在洛涧战役中的失利，只是一时大意，才让你们暂时占了上风罢了，不要高兴过早了。所以，我劝你回去，告诉你们的将领，还是不要负隅顽抗，早早投降才是明智的选择。”

使者从容地说：“我军现在士气旺盛，是不可能投降的。如果您想早日见分晓的话，那不如让您的军队后退十里作为我们的战场，我们还是战场上相见吧。”

符坚一拍桌子，说：“好! 就让我秦军退后十里，我们战场上见分晓。”

使者刚走，符坚这里就炸了锅，大

家都觉得苻坚的决定是鲁莽行事，非常不妥。有将领说："晋军之所以这么急想要和我们作战，是因为他们军中粮草短缺，已经支撑不了多长时间了。我们只要静静地等，以我百万大军，到时候攻下东晋，还不是如同探囊取物一样简单。"也有大臣说："晋军之所以先开口，就是因为他们现在形势危急，可能晋军军中的粮草已经让他们不能再等了，我们如果真的退军，便中了他们的计策。而且，我军这样无理由地退军，会把士兵的士气搞乱的，我军刚刚经过洛涧的失利，再也经不起这一乱了啊！"

苻坚听完群臣的争论，胸有成竹地说："诸位分析得都有道理，朕难道不知道晋军的计谋吗？我自有对策，大家放心好了。"将领还是人心惶惶，纷纷询问皇上到底有什么对策。苻坚得意地说："诸位将领，你们真的以为我会中晋军的奸计，真的放晋军渡过淝水吗？我只不过是将计就计罢了。虽然晋军粮草短缺，但我军粮草也并不充足，而且，淝水是天然的屏障，我军虽然勇猛，这样强渡淝水也会伤亡惨重的。既然晋军提出让我们退军十里，让晋军渡过淝水再兵戎相见，那么我们就表面上放他们渡过淝水，但是等到晋军渡河过半时，我们就派兵冲杀过去，在晋军渡淝水的过程中，将他们一举歼灭。"

秦军将领听完苻坚的计策，认为是一个好主意，这才放心一些。

再说晋军的使者回到晋军大营，将苻坚已经答应撤兵的消息报告谢石。晋军的将领都很高兴，便开始商量迎战对策。秦军人多势众，即使是苻坚放晋军顺利通过淝水，两军在沙场刀兵相见，晋军也依然难以取胜。原来，晋军也另有计策，让秦军腾出地方来肉搏，不过是下下之策罢了。

符坚的计策不无精明之处，但还是将晋军想得太简单了。

终于，到了两军约定的这一天。符坚信心满怀，指挥秦军开始往后撤退。但是，秦军刚刚经过洛涧大败，士气受到重创，军队情绪低迷。此次撤退，兵士们并不了解，符坚计策的真正用意，这种情况下撤兵，真是犯了兵家大忌。

符坚一下令，兵士们便开始莫名其妙地撤退，这一撤退，却失去了控制，阵势大乱。大家纷纷嘀咕："为什么要撤退呢？莫不是晋军打过来了吗？""看来这次晋军来势凶猛啊，我们刚刚在洛涧打了一场败仗，这次是又被打败了吗？""哎，败了也好，我们就可以回到家乡了。"

在秦军一片混乱的撤退中，谢玄率领八千多精干剽悍的骑兵，趁势以迅雷

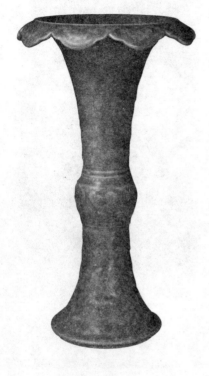

不及掩耳之势抢渡淝水，并向秦军发起猛烈攻击。

这时，身在秦军队伍中的朱序，听到晋军已经开始渡河的消息，觉得机会终于来了。便左右环顾，大喊道："秦军败了! 秦军被晋军打败了啊! 大家还是逃命吧!"秦兵本来就无心恋战，这时又忽然听到秦军被晋军打败的消息，毫不犹豫地开始竞相逃命。

这数十万人马，纷纷开始逃命，场面就异常壮观了，简直如同风掠草原、百川归海。

苻融在寿阳城上，忽然见下面的兵士阵脚大乱，一个个大叫着："我们败了，大家快逃命啊!"虽然不明就里，但知道事情不妙，便马上率领军队下去阻止。但是，兵士们都以为秦军大势已去，又怎么会听从苻融的话呢? 再说，几十万大军撤退起来，又怎是一两个人能拦得住的? 这个苻融，慌乱之下，带兵冲入撤退的大军之中，他本打算稳住将士的阵脚，不想，却在慌乱撤退的人浪中被乱兵冲倒，死在了冲杀过来的晋军的刀剑之下。

苻融一死，秦军便失去了主将，群龙无首的秦兵彻底崩溃，一泻千里。

苻融率领的前锋的溃败，迅速引起后续部队的惊恐，这样便形成连锁反应，结果是秦军全部开始溃逃，一路向北败退。晋军乘胜追击，一直追到寿阳附近的青冈。

秦军人多，逃跑起来，人马相踏而死得满山遍野，一路血流成河。苻坚本人也在逃命中中箭负伤。这百万大军逃回至洛阳时已经仅仅剩下了十余万的兵马。

旭日东升的时候，秦军的二十多万兵马还列阵于淝水北岸，夕阳西下的时候，岸边已经没有了前秦的将士，剩下的是被践踏得面目全非的尸体以及血流成河的淝水，前秦帝国的命运，随着夕阳一起西下。

四、前秦失败的原因

要举出我国历史上以少胜多的战役的例子，并不是很难。毕竟，势力的强大总是容易让人麻痹，从而一叶障目，不见泰山，只看见自己的强大，看不见自己的弱势。但是，如同苻坚这样，率领百万大军却一败涂地的战役，也算是一个典型了。

（一）天不时——未加分析，盲目起兵

所谓天不时，这里我们理解成苻坚起兵起得不是时候。

在决定攻打东晋之前，前秦在北方经过了一系列的讨伐战争，连年争战，百姓和将士都没有得到休养生息，长期

处于困乏劳顿的状态。也正是前秦连年
征战中，步步取得的胜利，才不断助长
了苻坚的骄气，想要一鼓作气拿下东晋，
完成统一大业。但苻坚没有想到的是，
战争有时候不是趁热打铁一样简单。军
队官兵经过这么长时间的战争，都已经
有些厌倦了。而且，前面的战争都是针
对一些小国家，自然易如反掌，现在面
对的却是强大的东晋，因为对征战小国
家的容易而忽略强大的对手，苻坚确实
是被胜利冲昏了头脑。

秦国连年的征战，不停地征召兵士
将领，又增加各种苛捐杂税用来补充军
资粮草，所以，在秦国所向披靡的战争中，
百姓已经苦不堪言。

前秦经过所向披靡的战争，军事实
力确实获得明显的壮大，不论在军队的
人数还是国土面积上，都远在东晋之上，
这也是苻坚要出兵东晋的原因。但是，
苻坚只是考虑到了自己在数量上的优势，

却没有考虑到质量的问题，也就是军队
的战斗力状况。

苻坚固执己见、一意孤行。在军队
困乏、百姓怨声载道的时候，本应该休
养生息，整顿军队，让百姓和官兵都能
好好喘口气，正所谓"收回来拳头才能
更好地出击"，而他偏要出征。而且，征
伐东晋并无理由，如果说，前秦对前燕、
凉、代的战争中，还能找到一些听起来
冠冕堂皇的出兵借口的话，这次对东晋
的出兵却真的是挑衅了。

苻坚就这样强行对东晋出兵了，既
没有合理的出兵理由，也没有让官兵百
姓得到休养生息。试想一下，为了自己心

中的统一大业，让别人拿着性命去冒险，官兵百姓自然怨声载道，这种情况下军队的战斗力怎能和东晋抗衡呢？

（二）地不利——长江天险，远途作战

前秦"地不利"的第一点是江河天堑。

前秦出兵以前，就有人建议说，东晋拥有江河天堑，不可以盲目进攻。可是苻坚却听不进去。结果秦军在洛涧战役中大败，后来又和东晋隔淝水相望，苦于渡不过淝水。这样，求胜心切的前秦才中了东晋的计策，做出撤退，最终导致溃败的结局。

前秦"地不利"的第二点是远途行

军。前秦建国之后，把都城建在长安，也就是现在著名的古都西安。而东晋的都城在建康，即现在的江苏南京，两地相差一千多公里，即使是在交通便利的今天，也要花费很长时间，何况是古代的徒步行军。秦军是百万大军不假，但因为路途太远，秦军的人马并不能完全利用起来，真正参与淝水之战的只是苻融、慕容垂率领的二十五万前锋兵马，其他的兵马都在行军路上。行军途中的前秦兵马旗鼓相望，前后绵延千里。

再分析一下前秦的这百万大军，精确地说是九十万左右，其中苻融、慕容垂的前锋兵马二十五万，苻坚率领的中

间人马六十万，还有"羽林郎"三万。这二十五万的前锋兵马中，集中了苻融、张蚝、苻方、梁成、慕容垂等前秦所有能征善战的将领，后面的六十万大军仅仅由苻坚一个人带领。苻坚得到苻融关于晋军军中空虚的情报后，就迫不及待地带领了八千人马赶往寿阳。苻坚率领着六十多万的军马，为什么独独带了八千人马赶往寿阳呢？

在秦军出兵以前，苻坚颁布了一个政策：十丁抽一。这里的"丁"，是指已经担当了国家赋税的男子。那么"十丁抽一"会抽上这样一个结果：前秦总人口大约一千八百万。按平均每户五人算的话，那么就有三百六十万户，按一户有

1.5"丁"算,那全国就有五百四十万"丁","十丁抽一",最后就是五十四万。

苻坚这次抽兵,是不是也抽了氐族人,本身就令人怀疑,而且就算抽调了氐族人,也很可能是编到苻融的前锋部队中去。这五十四万人的比例,按照我们上面对前秦国家人口组成的分析,实际上氐族占十八分之一,其余胡人占五分之一,而剩下的汉人,接近四分之三。那么,这五十四万人里,就有四十多万都是汉

族人！

这些大部分由汉族人组成的将近六十万的兵马会被放在淝水之战中的什么位置呢？前锋是用来打头炮的，用的都是在北伐中检验过的能征善战的老兵马，那么这五十四万兵马就只能放在苻坚的军中了。可是这样的兵马带过来有什么用呢？原来，苻坚早有考虑，这五十多万的兵马并不是用来打仗的，而是用来运粮的。但这听起来的百万大军，也确实唬了东晋一把！

俗话说，两军交兵，粮草先行，秦军百万大军，粮草是个大问题，所以，才有了这么多的兵马。这就是说，这些人基本和淝水之战没有什么关系，只是负责后方罢了。苻坚前往寿阳，只带八千兵马，一是因为知道这些人在战场上根本没什么用处，没指望他们上前线，索性继续留在后方继续运粮；二是骄傲地认为晋军不堪一击，用苻融等率领的前锋兵马来对付晋军就已经稳操胜券了，之所以带领八千人马，就是充当个护卫的作用罢了。

这就是长途作战的坏处，百万大军听起来挺气派，实际上却没什么实质性的用处，大部分人马只是负责后方罢了，

这样，前秦的溃败也就不意外了。

（三）人不和——群臣纷争，兵心不定

前秦出兵攻打东晋是不是一个明智的选择，本来就值得考虑。自己意见还没有统一，就起兵攻打别人的国家，怎么可能有强大的战斗力呢？

前秦皇帝苻坚也算一个仁慈英明的君主，他对人才极度地爱惜，对于降将、俘虏也特别关照。在讨伐北方的战争中，对于归降的人，都不加为难，委以重任。他对待人才，可谓求才若渴，颇有曹操风范。虽然说用人不疑，但这些归降的人是真心投靠还是权宜之计，苻坚却丝毫不加考虑，直接为己所用。

前面说过，慕容垂是前秦大败的第一个祸根。

在讨伐前燕之后，燕国的吴王慕容垂，虽然战功显赫，却得到了燕国奸臣的嫉妒和迫害。慕容垂被迫逃离燕国，投奔了苻坚。慕容垂是燕国出色的骁勇善战的将领，此次"弃燕投秦"不过是逃命的一个计策罢了。但是，不明就里的苻坚本来就听说慕容垂的才能，知道慕容垂要投奔自己，喜出望外，丝毫不加分析地就要接受慕容垂，并且打算对其重用。但是当时的得力助手王猛并不同意。王猛认为慕容垂是秦潜在的威胁，认为不但不能收留慕容垂，并且要趁此机会杀了慕容垂，以免后患。但苻坚爱才心切，不听劝阻，封了慕容垂很大的官。

在后来的秦国和燕国的战争中，王猛率兵势如破竹地灭了燕国，俘虏了国君慕容暐及许多慕容氏的官员。苻坚对他们都没有为难，均给了不同的官职。

慕容垂归秦以后，一直心有不甘，但始终忍辱负重，甚至在秦国攻打燕国时共同带兵伐燕，可以说是推波助澜地消灭掉了自己的国家。此后，慕容垂更是韬光养晦，等待机会，伺机光复燕国。

　　《资治通鉴》里在写到苻坚南伐时，写到慕容垂和儿子慕容农的一番对话，也许这番对话预示了前秦日后的惨败。重建燕国一直是慕容家族的心头大事，即使当了苻坚手下的高官也不能抵挡南面为君的诱惑。慕容农提到《神秘谶语书》，书中预言了前秦帝国的衰亡和中国北方大分裂的未来。但慕容垂却假惺惺地训了慕容农一番，意思是复兴大业自在本人心中，你们做小辈的怎么可以乱讲话？！

　　很明显，慕容垂在等待一个机会，

一个符坚失败的机会。符坚想要南下伐晋的消息一传出，侄子慕容楷就对慕容垂说："叔父终于将机会等来了，看来我们光复大燕的机会到了。"慕容垂也认为这是个千载难逢的好机会，对慕容楷说："说得好，只有你能和我成此大事。"

慕容垂马上跑去对符坚说："弱并于强，小并于大，这是理所当然的。现在陛下神勇英武，四海皆知，又拥有劲旅百万，骁勇善战，正是挥师南下的大好

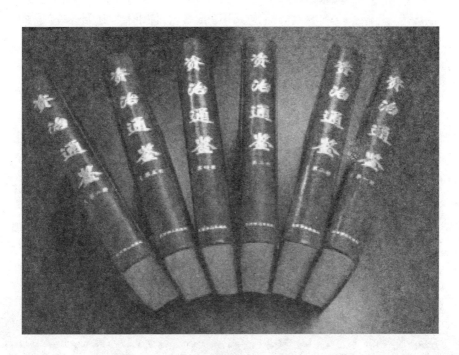

时机，难道要把这个留给后世子孙来做吗？"慕容垂还鼓动道，"国家大事，您自己定夺就是了，众口难调，何必广泛征求群臣的意见呢？以前，晋武帝扫平东吴，依靠的也只是张华、杜预两三个大臣而已。"苻坚听完，对慕容垂大加赞赏，并视为知己，说："能与我一同平定天下的，只有你啊！"还赏慕容垂绸缎五百匹，表示鼓励。

为苻坚挥师南下推波助澜的还有一个人叫做姚苌。姚苌是羌族的首领，和慕容垂一样，都居心叵测，在等待这个机会。

在兴头上的苻坚，却独独听信了这两个人的谗言，并且让他们率领的兵马和苻融一起，组成了南下的前锋军。

前秦的第二个祸根是朱序。

　　朱序本是东晋的将领，在前秦攻打襄阳城时，朱序率领守城将领苦战一年，终于弹尽粮绝，投降了前秦。虽然在前秦军队中做着尚书的官，但在心里一直觉得对东晋有愧。

　　苻坚可能以为，朱序是东晋将领，让他去现身说法，更有说服力，体现自己的宽厚仁慈。可是朱序得到这个机会，却认为自己回报东晋的机会来了，不但没有充当说客，反而向东晋透露了秦军的现状，并极力劝说东晋立刻出击。

　　在淝水一战中，朱序虽然仅仅说了一句"秦军败了"，发挥的作用却是难以估计的。在秦军游移不定撤退的时候喊一句"秦军败了"，无疑

是肯定了秦军的怀疑，使秦军毫不犹豫地撤退下去。最终决定了秦军大败的命运。

古人说：用人不疑，疑人不用。是说怀疑的人不能用，用了就不要怀疑。这并不是说不能怀疑，尤其是对于归降的将领，应该先"疑"，检验过了才能决定是否能够重用。对于这些降将，不加分析他们归降的背景和原因，就给予重用，最后终于酿下大祸，甚至在最后危及自己的性命。

（四）骄兵必败，哀兵必胜

　　中国还有一句古话；骄兵必败，哀兵必胜。其实战争的胜负和是否骄傲并没有直接的联系，之所以骄兵必败、哀兵必胜，是因为人在骄傲的时候总是一叶障目，不见泰山，只看到自己的强大，看不到自己的弱点，最后导致被对方利用自己的短处而取胜。而谦虚的一方，却因为自己实力较弱，因此才考虑周全，不轻易地夸大自己，也不随意忽视对手，最终才得以和对手抗衡。

　　苻坚之所以决定对东晋出兵，是因为觉得北方的少数民族已经被平定，并

且苻坚觉得在平定北方的战争中，也已经显示了前秦军队的实力。现在既然已经扫平北方，就应该趁热打铁，一举荡平江南。

苻坚扬言：我们现在有百万大军，扫平江南易如反掌，等我们胜利了，可以用俘虏来的司马昌明做尚书仆射、谢安做吏部尚书、桓冲做侍中，看现在的情况，得胜那天应该是指日可待，你们不妨提前给他们建好官邸。

兵还没有到，仗还没有开始打，自己就定了战争的结论，并且准备好了招降事宜，不仅在自己国家为他国的国君设置了投降后的官职，甚至在开战之前就先着手为其建官邸了。苻坚的骄傲和自信真的是可见一斑了。

相反的却是东晋的军队，东晋虽说在是战是降的问题上也进行了一番争论，但大体上还是君臣一心，并且因为自己和前秦的百万大军相比，实在是没有多

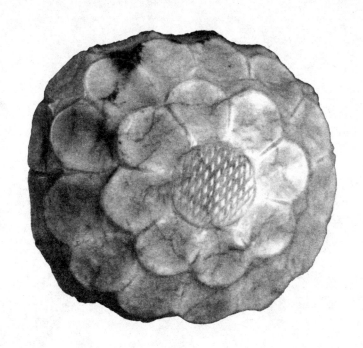

少优势可言，也只能处处小心、步步为营。

东晋孝武帝让谢安举荐将领，关键时刻，谢安举贤不避亲，推举自己的弟弟、侄子和儿子为抗秦将领。在东晋内部人心惶惶的时候，谢安身为丞相，先不自乱阵脚，起到了稳定军心的作用。淝水之战前期，东晋又分析形势，利用前秦的骄傲心理，用激将法诱使秦军退后，方才赶在前秦大部队赶来之前开始了淝水之战，打退了秦军的进攻。

五、淝水之战
的历史意义

淝水之战，寿阳的前锋溃败。逃亡过程中，人与人相互踩踏，死者十之七八，秦军在淝水之战中遭遇惨败。历史上有个结论：淝水之战直接决定了前秦灭亡的命运。可是，按道理应该不至于。前秦带来百万大军，但真正参加淝水之战的只是前锋军队的二十五万人和苻坚从项城带来的八千精兵，后面还有六十万大军待在河南的项城，两地相差三百多公里，应该毫发无伤才对。

这就显示出秦军的百万大军只是金玉其外了。前秦是由氐人建立的政权，属于少数民族，而这六十万人马里主要是汉族人，是十丁抽一进的军队，本身就不情愿，再加上在后方听到前线溃败的消息，这些军队就一哄而散，这样，号称"百万大军"的前秦军队随之土崩瓦解。所以，说淝水之战决定了前秦的命运就不意外了。

（一）北方稳定局面的解体

看到秦军大败的场景，苻坚也开始匆忙逃命，一路往北逃窜，中途还中了晋军的一箭，一直到河南洛阳，收拾剩下的残兵败将，百万大军只剩下十几万。正所谓树倒猢狲散，可悲的是真正使秦国走向灭亡的并不是东晋，而是被苻坚引以为知己的慕容垂和姚苌。

淝水之战后，前秦元气严重受损，各族首领也趁机开始反秦自立。

秦军在淝水之战中几乎失去了自己全部的精锐部队，但是慕容垂率领的燕人将士却丝毫没受到损失。在战前被苻坚引以为知己的慕容垂，在淝水之战后，首先做的就是到邺城（今河南安阳市北）拜谒先人陵墓。当时正好碰到丁零族翟斌于河南起兵反秦，镇守邺城的苻丕（苻坚庶长子）命慕容垂和苻飞龙前往镇压。慕容垂并没有听从苻丕的话，反而在途中杀掉了苻飞龙，与前秦决裂。

384年，慕容垂自称大将军、大都督、燕王，建元立国，史称后燕。率领兵马二十余万，进围邺城。385年，苻丕自邺城撤往晋阳（今山西太原西南），黄河以北之地尽属后燕。386年，慕容垂自立为帝，定都中山（今河北定州）。392年消灭割据河南的丁零族翟魏政权，394年灭西燕，基本上恢复了前燕版图。

淝水之战两年后，前秦前将领、极力支持苻坚出兵南下伐晋的慕容垂和姚

苌，分别率领后燕和后秦开始攻打前秦，前秦的都城长安被困，苻坚被迫退到五将山（今陕西岐山县东北），不久就被后秦王姚苌的军队活捉。姚苌威逼苻坚交出玉玺，苻坚不仅严词拒绝，而且痛骂姚苌，于是姚苌下令处死了他。公元386年，姚苌称帝于长安（今陕西西安），国号大秦。

前秦的幽州刺史王永得知这个消息后，立即派人通知苻坚的儿子苻丕，并拥立他即皇位。第二年，苻丕大封群臣，王永被加封为丞相。王永就位以后，写了一篇檄文，号召前秦在各地的武装力量集合起来，讨伐后秦首领姚苌和后燕首领慕容垂，檄文中写到：先帝不幸被害，现在国家凋败，百姓生活在胡人的统治下，生活在水深火热之中，痛苦不堪。各地文武官员见到本檄文后，要马上派兵前来会师，准备作战。

但是，前秦有作战能力的将领在淝水之战中几乎全部阵亡了，现在的前秦已经没有可以率兵作战的将领。在淝水之战中所剩无几的士兵，也没有多少是

符坚氏族的人马，全部是一些不情愿作战的汉族人。

这些人马，本来散居在秦国各地，又恰逢一些前秦将领纷纷离秦自立，且符丕又刚刚即位，朝廷的人马也大作调整，搞得是人心惶惶。恰在这个时候，这些人马接到上面的旨意让率兵讨伐逆贼，这些匆忙之间从各地征集过来的人马，完全没有什么协调配合能力。这样的军队，在和后秦的战争中，自然不堪一击。

394年，前秦被后秦消灭。历六主，共四十四年。

前秦灭亡以后，北方更是乱上加乱，再没有哪个力量可以像前秦一样在北方占有举足轻重的地位，北方的稳定局面彻底解体。

（二）中原文化的延续和发展

东晋在淝水之战中的胜利，也算胜得侥幸，遗憾的是这场战争所引发的影响和余波远远超出了战争本身，中国中古时代三四世纪的政治格局因此发生了改变。淝水之战直接导致了前秦统治的

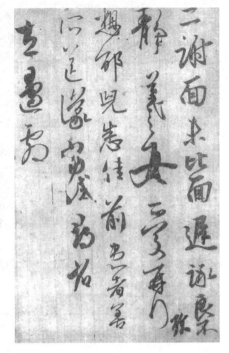

空念絲霞漆剋日作事
鴻大倫樹習寶興當福
来薑潯羔羊渓師轕潛
隨都邑寸陰終時過所定
去唱上奉諸姑始匹麤外

分崩离析，而偏居江左的东晋，则赖此战得以继续维持其政权，汉文化也借此传承下来。中国大分裂、大混乱的局面不但未能终结，还愈演愈烈，南北统一，被整整推后了两个世纪。可以说，没有前秦在淝水之战后的崩溃，就不会有拓跋氏北魏的崛起，长达一百六十余年的南北朝也无从谈起，更遑论承袭于北魏北周的隋唐时代了。

　　由于东晋统治者安于江南，不以恢复中原为意，门阀大族致力于南方的庄园经营。北方大族及大量汉族人口迁徙江南，使得江南的名士与渡江的中原人士有了更多的交流机会，促进了社会文化的发展。在社会生产上，北方的手工业技术与南方的技术相互融合，使东晋的手工业水平比西晋有了大幅度的提高。南下的北方农民和土著农民辛勤劳动，开辟南方广大的山泽荒野，促进了江南的开发，促进了长江流域的经济发展。

　　由于少数民族的入主中原，使他们

更多地接触到华夏文化，使之与汉民族逐渐发展为同一生活习惯的民族，进而与汉族融合。自魏、晋、南北朝之后，中原北方大体已形成以汉族为主，其他少数民族混居的人口构成形式，使中国正式成为具有相似生活习惯的多民族国家。

自曹魏以来，中国的文学发展一直处于大步前进的时期，其中以东晋年间的文人最为著名，如山水诗人谢灵运、田园诗人陶渊明等人。而东晋的绘画、书法也有颇杰出的成就，如顾恺之的画作、王羲之的书法，都有很高艺术价值。

六、淝水之战中
的历史典故

历史典故和汉语成语以其形式简练、含义精辟、寓意深长的特点为人们所喜爱，而许多成语就是从历史事件中概括出来的。淝水之战中就出现了很多相关的典故和成语，如"疾风扫落叶""投鞭断流""风声鹤唳""草木皆兵""东山再起""功败垂成"和"折屐齿"等等。

疾风扫落叶：

疾风扫落叶是干脆利落、轻而易举的意思。

　　苻坚出兵前，遭到群臣的反对。苻坚骄傲地说："以我现在的百万军马，挥师南下，一举扫平江南，还不是如同疾风扫落叶一样简单！"

　　这就是疾风扫落叶的出处。

　　投鞭断流：

　　"投鞭断流"原指将所有马鞭投入江中，便可截断水流。后喻人马众多，兵力强大。

　　前秦苻坚决定攻打东晋时，邀大臣前来商量计策，没料到遭到很多大臣的反对，大家举出各种各样的理由。有大臣反对说："依照星相看来，现在还不适合南下。况且，东晋有长江

天险阻隔我军前行，他们的君主也还算英明，获得了人们的认可，所以还是不要轻举妄动，盲目举兵了。现在不如固守国力，修整军备，等到他们的内部出了问题时，再趁机讨伐吧。"

符坚却不以为然地说："星相的事，不能全部相信，至于长江天险，春秋时期的吴王夫差和三国时期的吴主孙皓，都拥有长江天险，结果还是免不了灭亡的命运。我们现在有百万大军，兵多将广，人多势众，投鞭于江，足断其流。岂惧天险？"于是符坚不听劝告，决定伐晋，最后也免不了灭亡的命运。"投鞭断流"即来于此。

东山再起：

383 年 8 月，苻坚亲率前秦水陆两路大军向江南逼近。这个消息传到建康，晋孝武帝和京城的文武官员都着了慌。晋朝军民都不愿让江南陷落在前秦手里，大家都盼望宰相谢安拿主意。谢安是陈郡阳夏（今河南太康）人，出身士族，跟王羲之是好朋友，二人经常在会稽东山游览山水，吟诗谈文。谢安在当时的士大夫阶层中名望很大，大家都认为他是个挺有才干的人。但是他宁愿隐居在东山，不愿做官。有人推举他做官，他上任一个多月，就不想干了。当时在士大夫中间流传着一句话："谢安不出来做官，叫百姓怎么办？"他直到四十多岁的时候，才重新出来做官。因为谢安长期隐居在东山，所以后来把重新出来做官这样的事形容为"东山再起"。

草木皆兵：

草木皆兵出自《晋书·苻坚载记》，是说把一草一木都看成了敌人的军队，可见有多紧张和恐惧了。

　　淝水之战前，秦军前锋苻融率二十五万人马攻占了寿阳城，接着又乘胜围困了硖石。苻坚亲自带领八千精兵赶到寿阳指挥战斗，并派东晋降将朱序去劝谢石投降。

　　朱序把秦军机密全部告诉谢石，并建议东晋说："乘百万秦军还没到齐，赶快攻破秦军前锋，如果挫伤了它的锐气，秦军就会溃散。"

　　于是，谢石乘苻坚急于进攻硖石的机会，派勇将刘牢之带五千精兵袭击洛涧，消灭秦军一万多人。

　　苻坚在寿阳城里听到洛涧战败的消息，大吃一惊。他和弟弟苻融连夜登上

城楼，观察东晋军情。

苻坚站在寿阳城上，只见晋军"部阵整齐，将士精锐，又北望八公山上，草木皆类人形"。苻坚感到非常恐惧，对苻融说："晋军满山遍野都是强兵怎么能说少呢！"其实，晋军驻扎在八公山附近，八公山上并没有晋军的人马，苻坚是因为太轻敌，在洛涧一战中受到惊吓，才看着草木也像是晋军的兵马了。

风声鹤唳：

即把风声鸟叫声也当成了敌人追赶的异常声响，足见前秦军队战败逃亡时惊吓恐惧到了什么程度！

淝水之战开始之前，谢玄派人向苻坚要求渡过淝水，跟秦军会战。苻坚答应了谢玄的要求，命令部队后撤。秦军内部本就军心不稳，再加上洛涧战败，人心惶惶。因此，一接到后退的命令，士兵们以为前面打了败仗，就慌张奔逃，无法止住，乱了阵脚。

谢玄见秦军溃退就带领晋兵渡过淝水乘胜追击。杀得秦军人仰马翻。这时朱序也趁机在秦军阵后大喊："秦兵败了！秦兵败了！"秦军后方几十万人马都惊慌逃命，溃不成军，自相践踏。在溃败逃跑中，失魂落魄的秦兵"闻风声鹤唳，皆谓晋师之至"。

后人根据这段史实，造出了"风声鹤唳"的成语。

折屐齿：

谢石、谢玄收复了寿阳，淝水之战终于落下帷幕，谢石立刻派飞马往建康送捷报。

这一天，谢安正跟一个客人在家中下棋。信使急匆匆送来战报，谢安接过战报，却不露声色，随手把战报放在床上，照样下棋。虽然谢安沉得住气，但

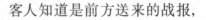

客人知道是前方送来的战报，却沉不住气了，忍不住问谢安说："战事情况怎么样？"

谢安慢吞吞地说："孩子们到底把秦人打败了。"

客人听了，想赶快把这个好消息告诉别人，棋也没心思下了，就直接告别走了。

谢安送走客人，回到内宅去，他的兴奋心情再也按捺不住，跨过门槛的时候，踉踉跄跄地，把脚上的木屐的齿都碰断了。

这就是折屐齿的典故。

功败垂成：

成语"功败垂成"，出现在淝水之战以后。

东晋谢安的侄子谢玄，在战前就率兵镇守重镇广陵，淝水战役中又率领自己的"北府兵"一马当先,立下汗马功劳。淝水大捷后,谢玄想趁此良机,带领兵马一鼓作气收复北方大片国土,实现统一北方的志愿。可是,谢玄的显赫功勋却受到东晋皇族的嫉妒,借口打仗时间太长了要他还师,坐镇淮阴。

谢玄在回师南归的途中得了重病,两年后病故,死时只有45岁,他统一北方的志愿终于未能实现。《晋书·谢玄传》记载谢玄说:"庙,有余,良图不果,降龄何促,功败垂成。"

前秦一泻千里,四散而逃;北方,少数民族纷纷离开;秦,自立为王。东晋就这样错过了千载难逢的机会,这就叫功败垂成。

七、谢安其人
其事

东晋时的谢安 (320—385)，字安石，陈郡阳夏 (今河南太康) 人。陈郡谢氏家族是永嘉之乱中随元帝东迁渡江的著名世家大族。谢安的伯父谢鲲在西晋末年曾是东海王司马越的相府参军，过江后死在豫章太守任上，他也是"江左八达"之一。东晋初，谢安的父亲谢裒，官至太常卿。谢氏的地位因鲲、裒兄弟的业绩而不断上升，但真正创造家族辉煌的却是谢安。

（一）年少有为的谢安

　　谢安虽在兄弟中排行第三，却比他
的兄长们更有名气。他自幼聪明多智。4
岁时，有一天被当时的尚书吏部郎桓彝
(即桓温的父亲)看到，引得桓大人大发
赞叹："这孩子风俊神清，以后肯定不甭
于王东海(王东海即王承，是晋一代名
臣)!"稍大一些，谢安更出落得聪慧敏
悟，气宇非凡，甚至连被誉为"王与马，
共天下"的著名丞相王导都知道他，以
至于当时的学童连他的读书音韵都竞相
仿效，蔚然成时尚。

　　青年谢安确实以其名士风度闻名于当时，就在他流连于会稽山水的时候，也曾多次接到举荐信，请他出山做官。第一次是在他年仅弱冠时，扬州刺史庾冰听到他的声名，几次下郡县敦请他做自己的属下。在万不得已的情况下，谢安告别自己喜爱的家园乐土前去赴召，一个多月后，他便打道回府了。另一次是在七年后，大将军桓温征伐蜀汉时也听说了谢安的盛名，就上报朝廷让谢安做他的司马，谢安这回更加干脆，以世道难行为缘由，婉言拒绝了桓温的好意。

　　当时谢氏家族中，谢安的堂兄谢尚兄弟辈有很多人已做了高官。谢家门前经常是车水马龙，门庭若市。有一次，谢安的夫人刘氏指着那些富贵的本家兄弟悄悄跟他开玩笑："大丈夫难道不应该这样吗？"谢安听罢，手掩鼻口说："恐怕我也不免要这样。"

尽管他知道自己为了家族的崛起难免也要出仕，却仍旧屡次拒绝朝廷的征召。当时有人曾感慨地说："安石不肯出，天下百姓可怎么办呢？"但也有人认为他不尊重朝廷，竟连续几次弹劾他，并要朝廷限制其活动自由。面对外界的种种反应，谢安依旧稳如泰山，淡若池水，对此根本不屑一顾。

谢万是谢安的弟弟，官至西中郎将，并监管青、豫、冀、并四州军事，但他自高自大，不懂得亲待部将。谢安虽然多次劝说，他仍不听忠告，最后在一次战斗中兵败而遭到废黜。谢万被废黜后，谢安为了保持家族地位，更为了使其经略得以致用，才决定步入仕途。他最初担任桓温征西大将军府的司马，后任吴兴

太守、侍中、吏部尚书、中护军直至宰相。短短数年间，谢安由文士变成一人之下万人之上的赫赫有名的宰相，可谓是一路顺风，仕途辉煌。

（二）谢安智斗桓温

317 年，世家大族王导及其兄弟辅佐晋元帝司马睿在江东开创了东晋基业，琅玡王氏也因此成为东晋第一大豪门。王导死后，桓温剪除了庾氏势力，专擅

朝政，桓氏家庭随之兴起。谢安就是在桓温执政前夕出仕的。桓温执掌政权后仍不满足，他多次北伐，企图为谋取帝位做铺垫。"大丈夫如果不能流芳百世，亦当遗臭万年"。这句话就出自桓温之口。

太和六年 (371 年)，桓温废除了皇帝司马奕，另立简文帝司马昱，使本来不太稳定的政局再次出现危机。简文帝的日子因桓温虎伺一旁也特别不好过，脆弱的他不堪忧虑与恐惧，终于一病不起。临终时，他仍慑于桓温的淫威，竟在遗诏中说："如果儿子可以辅佐，就请您辅佐；如果他不成器，您可以自取天下。"这就等于给了桓温篡位的口实。

在这紧急关头，王坦之与谢安力谏简文帝改写遗诏，请桓温以诸葛亮和王导为榜样辅政，并立司马曜为皇太子。

当拥兵姑孰（今安徽当涂）的桓温听闻简文帝并没有如他指望的那样禅位给他，十分恼火；谢安等人则趁他不在京都，马上立太子做了皇帝。

桓温气急败坏，于是在宁康元年（373年）二月亲率大军，杀气腾腾地回兵京师，向谢安、王坦之问罪，并欲趁机扫平京城，改朝换代。眼见朝廷上下人心惶惶，新帝司马曜也不得不下诏让吏部尚书谢

安和侍中王坦之到新亭迎接桓温。王坦之早就听人说桓温此次来就是要杀他和谢安，所以非常害怕。他让谢安拿主意，谢安镇定自若而又十分郑重地告诉他："晋朝的危亡，全看我俩此行了。"

二月的京城，春寒料峭，桓温的到来更给这里增添了一派肃杀之气。文武百官纷纷跪拜在道路两旁，甚至连抬头看一眼威风凛凛从眼前经过的桓温的勇气都没有。在这惶恐的人群中，只有两个人面不改色，一个是来者不善的桓温，一个是镇定自若的谢安。硬着头皮与谢

安同来的王坦之早已是惊慌失色，紧张得汗流浃背。

在寒风中，谢安走上台阶，从容不迫地在席上就坐。他并不看桓温布置在四周、围得像铁桶似的卫兵，而是先作了一首咏浩浩洪流的"洛生咏"，然后才平静从容地说："我听说诸侯有道，就会命守卫之士在四方防御邻国的入侵。明公入朝，会见诸位大臣，哪用得着在墙壁后布置人马呢？"

老道的桓温没料到昔日在自己府中

做司马的谢安在这种关头依旧不改其旷达风度和自若本色，一下子被他镇住了，于是赶忙赔笑说："正因为不得已才这样做呀！"嚣张气焰被打下去后，他连忙传令撤走兵士，笼罩在大家中间的紧张气氛一下子消除了。在接下来的时间里，他又摆酒设馔，款待群臣，朝廷总算度过了一场虚惊。

新亭风波后，全靠了谢安和王坦之的忠心辅佐，才把局面逐步稳定下来。但是，野心勃勃的桓温依旧不肯放弃自己做皇帝的梦想。不久，他回姑孰养病，暗示朝廷授他"九锡。""九锡"是历代权臣篡位前的最后一级台阶，他身患重病更是急于获得，想好歹当几天皇帝。他让袁宏按他的意思起草加授"九锡"的诏令，袁宏把诏令拿给谢安看，谢安一看，只说了一句"不好"，便动手进行修改。就这样一共修改了好几次，拖延了几十天，也没有定稿，一直拖到七月桓温病死，也没给呈递上去。至此，司马氏朝廷面临的一场危机总算过去了。

还有一次，谢安在路上远远见到前呼后拥，威势赫赫的桓温，纳头便拜。桓温大为惊诧，问他："安石，你为何要这样？"谢安从容应答："从没有君王拜在前面，而大臣揖躬在后的规矩。"他就这样不露声色地嘲讽了企图做"君"的桓温。

"疾风知劲草，板荡识诚臣。"在同权臣桓温的周旋与斗争中，谢安表现出了超人的胆识与气度，成了稳定大局的顶梁柱，群臣的主心骨。

（三）风流宰相谢安

　　谢安作为东晋名士，一举一动都是人们关注的焦点。

　　谢安有一个老乡，犯了错误被革职还乡，谢安去送行的时候问："宦囊充实否？"问话很直接，做官这几年，捞了一点油水没有啊？老乡苦着脸抱怨道："没有啊，只有五万把不能吃不能喝的扇子！"五万把，真要带回家用，怕是几辈子也

用不完。谢安就拿了一把蒲扇，免费充当老乡蒲扇的"形象代言人"，走到哪里就把蒲扇带到哪里。结果不出两天，就有很多人争相去购买乡人的扇子，本来滞销的东西一下成了抢手货，扇价在很短的时间里翻了好几倍，足见谢安的影响力之大。谢安以其名望帮助乡亲，一时传为美谈，人们更加敬重谢安。

　　谢氏渡江后，寓居在会稽（今浙江绍兴）。会稽山清水秀，从来就是一方名士乐居的沃土，而此地的东山就因为谢安年轻时隐居于此而声名大振。谢安年轻时无意仕途，每天除了跟支道林、王羲之、许询、孙绰、李充等名士一起谈文论诗，畅谈玄理之外，还经常与他们一道游赏山水，借以自娱。王羲之的代表作《兰亭序》就是王羲之于永和九年(353 年)三月三日与这班朋友雅会兰亭时所作，谢安也吟诗作文，以尽雅兴。

　　在谢安盘桓东山，放情山水的时间

里，还发生过这样一件事：有一次，他和孙绰相约泛舟海上，不料后来起了风浪，一时间波涛汹涌，浪卷云翻，同伴都大惊失色，想要马上返回。只有谢安一人游兴正浓，吟啸诗文，若无其事。划船的老头看他相貌安闲，神色愉悦，便继续向远方划去。直到风急浪猛，小舟像一枚树叶在惊涛骇浪间翻转的时候，其他人惊恐万状，站起来喊叫，谢安却从容地说："如果都这样乱成一团，我们就回不去了。"大家才平静下来，船得以平安驶回。也就是从这件事上，大家才认识到他的心胸胆量，足以镇安朝野。

人们都知道谢安淡泊名利隐居东山

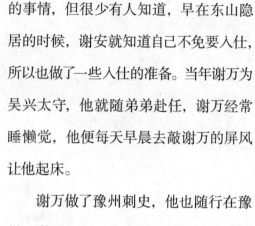

的事情，但很少有人知道，早在东山隐居的时候，谢安就知道自己不免要入仕，所以也做了一些入仕的准备。当年谢万为吴兴太守，他就随弟弟赴任，谢万经常睡懒觉，他便每天早晨去敲谢万的屏风让他起床。

谢万做了豫州刺史，他也随行在豫州；谢万北征，他也同行，并经常匡正弟弟在各方面的过失。他曾经亲自造访拜慰谢万属下的各个部将，替谢万向他们赔礼致谢，消除了他们对谢万的抵触情绪。所有这些，都表明他正以一种积极心态步入仕迹。当初他不愿出山，有人就预言："安石既然能与人同乐、就必定会与人同忧，再征召，他会来的"。

在军事方面，谢安也是多年研习兵书，并掌握了大量有关前秦政治、军事及人物心理，贤愚忠奸等方面的情况，可谓是"知己知彼"。当秦军以黑云压顶之势扑向东晋时，谢安的实践充分证明

了孙子的名言:"将不在勇而在谋,兵不在多而在精。"

　　然而,天有不测风云。虽然在淝水之战中,谢安运筹帷幄之内,最终决胜千里之外,但最终却因功名极盛遭到了一些阴险好利之徒的陷害。他们在晋孝武帝面前进谗言,使这个业已成人,一心想兴复皇权的酒肉皇帝对宰相谢安有了猜嫌之意。他重用自己的同母弟弟会稽王司马道子,使得政权移落到这个昏庸的王爷手中。司马道子身边豢养着一个与谢安关系微妙的小人——谢安的女婿、王坦之的儿子王国宝。

王国宝因不学无术，品行恶劣，一直不受老岳丈的喜欢，更别提栽培重用了。他也一直对谢安心怀怨恨，经常在司马道子和皇上面前极尽挑拨离间之能事，孝武帝疏远谢安，就有他的一份"功劳"。为了避嫌，谢安被迫离开京城，举家搬到广陵附近，在那儿修了一座陋府，美其名曰"新城"。他虽身居在此但仍不失东山之志，准备等朝廷稍稍稳定，就辞官从水路重返他的会稽乐土。可惜，他的愿望还未实现就患病了。谢安先对

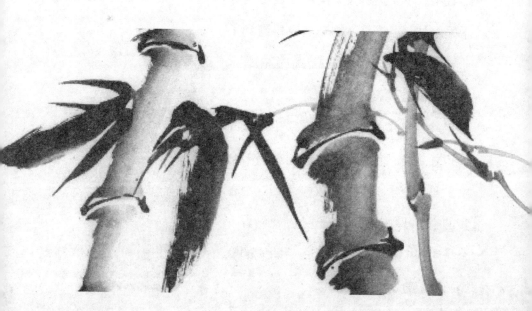

广陵防务作了周密布置，然后才请求朝廷准他回京治病。

当谢安的车辇缓缓驶进建康西州门的时候，病卧车中的谢安伤感地对亲近之人说："以前桓温在的时候，我常担心自己不能保全。忽然有一次梦到坐桓温的车走了十六里，见到一只白鸡才停下来。坐他的车，预示我替代他的职位；十六里，意味着我代居宰相十六年而止；白鸡主酉，如今太岁在酉，我的病恐怕是好不了啦！"于是，他上疏辞官。几天后，66岁的谢安病逝于京师建康。

八、结语——不
只是一场战役

　　淝水之战是一场战役。

　　淝水之战最终以前秦的惨败落下帷幕，给前秦带来的不仅仅是一场战争的失利，而是一个国家的灭亡；给历史带来的，不仅仅是一个国家的灭亡，而是一段安定时期的结束；又不仅仅是一段安定局面的解体，而是汉文化的延续。

　　淝水之战是一场荒唐的战役，荒唐在错误的时间发动错误的战争，荒唐在百万军马竟然输给了八万人马，更荒唐在百万军马中竟然有将近六十万只是虚张声势。因为这场战役的典型性，也成为后来兵家拿来借鉴的一面镜子。

然而，淝水之战又不仅仅是一场战役。在淝水之战中，前秦留给我们的是血淋淋的教训，而东晋却更加让我们领

略了什么叫作魏晋风度。

中国的历史长河中，以少胜多的战役，也不乏实例。之所以说淝水之战不只是一场战役，是因为对于一段历史而言，淝水之战留下更可贵的不是经验和教训，而是一个个鲜活的人物：既表现出骄傲，也显示出仁慈和可爱的悲剧人物苻坚；深谋远虑与风流倜傥并存的谢安；居心叵测、深藏不露的慕容垂……

对于历史而言，这些人物存在的意义可能远远超出了一场战役。

这就是淝水之战。